LA BIBLIOTHÈQUE

PUBLIQUE

DE PONT-AUDEMER

PAR

A. CANEL

EVREUX

IMPRIMERIE DE C.-F. CANU

RUE CHARTRAINE, N° 25

—

1869

LA BIBLIOTHÈQUE

PUBLIQUE

DE PONT-AUDEMER

Cette fois encore, il me prend fantaisie de donner une petite teinte historique à un écrit de circonstance. Je commence donc ainsi :

A l'année 1833 remonte la première pensée de cet établissement : elle fut émise dans l'*Essai historique* sur l'arrondissement de Pont-Audemer. Peu de temps après, on commença les démarches pour la réalisation du projet, et plusieurs personnes s'empressèrent d'offrir des livres.

Les noms de ces donateurs sont inscrits sur un tableau, destiné à occuper une place ostensible dans la salle de lecture et, si je ne me trompe, encore retenu en chartre privée.

Trois compatriotes ont coopéré à l'œuvre de fondation : celui auquel il paraît convenu d'attribuer le titre de fondateur et qui ne réclame que celui de fondateur principal, — un ouvrier d'intelligence et de cœur, Fougis-Duclos, mort il y a quelques années, — et M. N. Lereffait, *qui depuis..., mais alors....*

Lors du passage du roi Louis-Philippe à Pont-Audemer (8 septembre 1833), l'honorable M. Antoine Passy, préfet de l'Eure, engagea vivement le fondateur principal à présenter au monarque un exemplaire de son *Essai historique*, afin de préparer les voies auprès de qui de droit, pour obtenir, en faveur de la bibliothèque, un exemplaire de quelques-uns des ouvrages imprimés ou achetés aux dépens du budget. Faisant violence à ses habitudes et à ses opinions, le fondateur hasarda cette démarche, dans l'intérêt de la ville ; mais ce fut sans résultat immédiat. Quoi qu'il en soit, l'établissement n'en fut pas moins créé, grâce à la bonne volonté de nos concitoyens et au concours de l'administration municipale (1), qui lui consacra une des salles de la nouvelle mairie.

Le conseil général du département, à la demande de M. Legendre, un de ses membres, s'associa à ces premiers efforts, en votant quelques fonds pour acquisition de livres. Une somme de 466 fr., reliquat de la souscription ouverte, en 1830, pour subvenir aux frais de voyage des volontaires partis au secours des insurgés de Paris, restait entre les mains de notre honorable compatriote, M. Dumont, avocat : elle fut aussi destinée à augmenter la bibliothèque. A son tour, le gouvernement vint en aide : en 1835, mon ami et *maître*, le savant Auguste Le Prévost, député de l'Eure, obtint du ministre de l'instruction publique la *Description de l'Egypte*, et M. Hébert, aussi député, la collection du *Panthéon littéraire* et divers autres ouvrages. Enfin le conseil municipal de la ville alloua, sur le budget de 1836, une somme de 500 fr., tant pour le classement et la conservation des archives communales, que pour achat et reliures de livres, — et les volumes, malheureusement peu nombreux alors, et en mauvais état, sauvés

---

(1) C'est M. Ch. Boursy qui était maire à cette époque.

de la ruine des monastères, supprimés à l'époque de la révolution, furent rapportés du presbytère à la mairie.

Tels furent les commencements de la bibliothèque publique de Pont-Audemer. Ainsi formée et renfermant environ 1,200 volumes, elle fut ouverte aux lecteurs le 1er juin 1836, sous la direction de trois conservateurs non rétribués, qui étaient les fondateurs eux-mêmes, et dont, après un certain temps, il ne resta plus qu'un seul, — ce qui n'empêcha pas l'ouverture de l'établissement d'avoir lieu deux fois la semaine, le dimanche et le jeudi.

Depuis cette époque, la bibliothèque ne cessa pas de s'accroître, et, j'ai aujourd'hui mes raisons pour le dire, c'est, en très-grande partie, au dévouement du bibliothécaire-fondateur pour son œuvre que l'on fut redevable de ce résultat. Lorsqu'il organisa à Pont-Audemer une section de la Société libre d'agriculture, sciences et belles-lettres de l'Eure, ce fut non-seulement en vue du bien qu'elle pouvait faire dans le cercle de ses attributions, mais encore avec la pensée que son existence ne serait pas sans utilité pour la bibliothèque elle-même. Ses prévisions à cet égard ne furent pas trompées : la bibliothèque a été enrichie d'un certain nombre de volumes par les soins de la section. Chaque année, il lui faisait lui-même de nouveaux dons, et il ne se lassait pas, à l'occasion, de provoquer la bonne volonté de ses amis.

C'est qu'il fallait suppléer à l'insuffisance des ressources. Le gouvernement, il est vrai, avait compris la bibliothèque de Pont-Audemer parmi celles qui devaient recevoir un exemplaire des publications faites sous les auspices du ministre de l'instruction publique ; mais elle ne figurait annuellement au budget communal que pour une somme de 20 fr., et, s'il lui fut alloué 400 fr. pour 1846, on pensa que la situation financière de la ville ne permettait pas le renouvellement de cette libéralité exceptionnelle.

A la fin de 1852, ce dépôt n'en était pas moins arrivé à compter sur ses tablettes plus de 3,500 volumes.... C'est alors que le bibliothécaire-fondateur reçut du maire de la ville la lettre suivante, datée du 12 octobre :

« M. Canel est prié de faire remettre à la mairie la clef et le
» catalogue de la bibliothèque, après y avoir fait réintégrer les

» livres et autres objets appartenant à la ville qui auraient pu
» être confiés par lui à des particuliers, et notamment trois
» volumes manuscrits relatifs à l'histoire de Pont-Audemer.

» Le maire : Lecompte. »

La réponse ne se fit pas attendre : tous ceux qui me connaissent n'en douteront pas. — En quelques mots, j'y constate le renvoi de l'une des clefs que je conservais, — la non absence du moindre volume (alors on ne lisait que sur place), — la non absence des trois registres d'inventaire des archives, dépôt que, loin de le prêter, je ne me serais même pas permis d'emporter chez moi, — enfin le refus de remettre le catalogue, *tant qu'on ne m'en aurait pas remboursé le prix.*

J'avais mes motifs pour ce refus : je voulais prendre, en toute hâte, soit une copie, soit des extraits de ce catalogue, pour me réserver, à l'occasion, un moyen de contrôle qui aurait pu devenir nécessaire. Quoique mis plus qu'en curatelle, le père de l'enfant croyait encore avoir quelques droits à se préoccuper de son avenir.

On ne répondit pas à ma lettre et le catalogue demeura entre mes mains.

Sous plus d'un rapport, la destitution que je viens de rappeler, si singulière dans sa forme, venait assez mal à propos. Quelques jours auparavant, le bibliothécaire, sous prétexte d'un prétendu jugement de la défunte commission mixte de l'Eure, avait été mis sous la surveillance de la police, avec interdiction de sortir de la ville, et il subissait cette persécution, dont il se glorifie, en même temps que deux de ses anciens collègues à l'Assemblée constituante et d'un honorable industriel de la ville. Choisir ce moment pour le destituer, c'était le signaler comme ne méritant ni paix ni trêve, et dire au préfet d'alors, qui s'était rendu coupable d'une mesure arbitraire (1) : « Quand, pour les autres sur-

---

(1) L'histoire des persécutions de cette époque, dans notre département, ne serait pas absolument sans intérêt. Je ne répondrais pas de toujours résister à la tentation de lui consacrer un certain nombre de pages.

veillés, vous reviendrez sur les rigueurs de votre arrêté, gardez-vous d'y rien changer pour celui-ci. » — Et tel a été, en effet, le résultat obtenu.

Je sais formellement que plusieurs amis du maire *destituteur* ne lui dissimulèrent pas leur pensée sur sa conduite en cette circonstance ; — je sais d'une manière non moins précise que cet administrateur, que je reconnais bien volontiers n'avoir jamais été, au fond, un méchant homme, invoqua à sa décharge, les importunités de...... quelqu'un ; — mais le fait reste et je ne vois pas pourquoi je n'en conserverais pas ici le souvenir.

Au moins l'administration municipale s'était-elle mise en mesure de trouver un autre bibliothécaire ? Non ; ses préoccupations n'allèrent pas jusque-là. L'hôtel-de-ville continua de rester dépositaire des livres ; mais c'était pour qu'on ne s'en servît pas, et la bibliothèque resta fermée. On ne la rouvrit que le 23 avril 1854, sur les plaintes énergiques d'un membre du conseil municipal.

Le bibliothécaire nommé alors fut un jeune homme recommandable, M. Ch. Plouin, secrétaire de la sous-préfecture.

Tout naturellement, il ne pouvait posséder, *de prime-saut*, tout ce qu'il était urgent de connaître pour la pratique de ses nouvelles fonctions. A sa demande, son prédécesseur s'empressa de lui donner un officieux concours, et, souvent même, quand les devoirs du secrétariat administratif commandaient une absence, il le suppléa pour l'ouverture de la bibliothèque, désormais accessible aux lecteurs, seulement le dimanche.

Les deux années de fermeture de la bibliothèque avaient eu pour résultat de la faire tomber dans une sorte d'abandon. Plusieurs des nouveaux conseillers municipaux élus en 1865 songèrent à remédier à cet état de choses. Ils soulevèrent la question dans une des sessions ordinaires du conseil, et, du consentement unanime de la municipalité et de ce même conseil, une commission de trois membres fut nommée pour en étudier et en préparer la solution.

La commission présenta son rapport en séance du conseil, le

21 mai 1866, et voici comment le procès-verbal s'exprime à cette occasion :

« Au nom de la commission précédemment désignée pour étudier les moyens d'accroître l'utilité de la bibliothèque publique et d'en favoriser les développements, M. Heutte présente au conseil le rapport suivant :

» Quand, le 20 février 1850, l'Empereur disait : *La fondation*
» *d'une bibliothèque dans toutes les communes de la France est une*
» *œuvre de bienfaisance et d'utilité publique*, il y avait déjà vingt
» ans que quelques amis de l'instruction populaire en avaient
» fondé une dans notre ville. C'est donc surtout à leur initiative
» intelligente que nous allons devoir aujourd'hui de ne pas nous
» trouver trop en retard du mouvement qui gagne toute la pro-
» vince. Car l'idée a grandi : on a d'abord rassemblé des livres ;
» puis on a compris qu'il fallait les faire circuler. On a cherché,
» et l'on a trouvé des lecteurs.

» Il a donc suffi à votre commission de jeter les yeux autour
» d'elle pour recueillir les renseignements et les exemples. Ce
» qu'elle va vous proposer est à peu près ce qui se fait déjà partout.

» Nous n'aurons point à traverser les pénibles débuts qui ont
» coûté tant d'efforts à quelques-unes de nos jeunes bibliothèques.
» Non-seulement nous profiterons de leur expérience, mais c'est
» avec plus de 4,000 volumes que nous allons entrer dans la car-
» rière où elles nous ont devancés.

» Commençons par rendre aux administrations qui se sont
» succédé dans notre ville, et à nos prédécesseurs dans le conseil
» municipal, le tribut de reconnaissance qui leur est dû pour nous
» avoir préparé et conservé cet héritage. Votre commission vous
» propose ensuite :

» 1° De faire dresser un tableau des noms de tous les bienfai-
» teurs de la bibliothèque depuis sa formation jusqu'aux temps
» que nous ne verrons point.

» Ce tableau sera placé dans la salle de lecture comme un
» souvenir de famille, et si la libéralité de nos concitoyens le rend
» trop petit, ce sera le cas de lui donner un pendant.

» 2° D'adopter le règlement suivant :

RÈGLEMENT DE LA BIBLIOTHÈQUE MUNICIPALE DE PONT-AUDEMER.

Art. 1. — La bibliothèque municipale de Pont-Audemer est administrée, conjointement avec le bibliothécaire, par un comité élu dans et par le conseil municipal; et composé de trois membres (1).

Art. 2. — Les fonctions des membres du comité sont gratuites, et cessent à l'époque de l'expiration légale de leur mandat de conseiller municipal.

Art. 3. — Le bibliothécaire sera secrétaire et caissier de la bibliothèque. Le comité désignera le secrétaire spécial dont il sera parlé en l'article 16.

Art. 4. — Le dernier dimanche des mois de janvier, avril, juillet, octobre, le comité se réunira, sans convocation, à la bibliothèque, avec le bibliothécaire, pour régler les intérêts de l'établissement.

Il se réunira d'ailleurs, sur convocation du bibliothécaire, chaque fois qu'il pourra y avoir nécessité.

Art. 5. — Les livres de la bibliothèque seront mis en circulation, à l'exception de ceux qu'à cause de leur rareté, ou pour quelqu'autre motif, le comité aura désignés comme ne devant être lus qu'à la bibliothèque.

Art. 6. — Jusqu'à ce qu'il soit possible de mieux faire, la bibliothèque sera ouverte tous les dimanches, de midi à quatre heures.

La distribution des livres à emporter se fera pendant la dernière heure seulement.

Art. 7. — Pour être admis à emporter des livres, il faudra être agréé par le comité et payer un abonnement annuel de deux francs ou vingt centimes par mois.

Pour les personnes qui ne sont pas de la commune l'abonnement sera de cinq francs par an.

Art. 8. — Chaque abonné ne pourra avoir entre les mains plus d'un volume à la fois, à moins qu'il n'ait pris plusieurs souscriptions.

Art. 9. — Les lecteurs seront responsables des dégradations que les ouvrages auront subies entre leurs mains.

Art. 10. — Autant que possible, un membre du comité devra assister le bibliothécaire au moment de la remise des livres pour l'aider à lever les difficultés.

Art. 11. — Pour prévenir toute contestation, le prix du livre, reliure comprise, sera indiqué à côté du cachet de la bibliothèque.

---

(1) De droit, le maire faisait partie de cette commission.

Art. 12. — Si le volume fait partie d'un long ouvrage, et ne peut se remplacer seul, on indiquera le prix de l'ouvrage entier qui sera abandonné au lecteur contre remboursement.

Art. 13. — Quand un volume ne sera pas rentré à la fin de la deuxième semaine, le prix en étant exigible de plein droit, le comité pourra cependant se contenter d'imposer une amende de dix centimes pour une semaine de retard, vingt pour deux semaines, quarante pour trois, et ainsi de suite en doublant toujours.

Art. 14. — Il sera tenu écritures par le bibliothécaire, sous le contrôle du comité, des recettes et dépenses de la bibliothèque.

Les recettes se composeront :

1° Du montant des souscriptions et des amendes ;
2° Des allocations faites à la bibliothèque ;
3° Des dons en argent.

Les dons en livres seront inscrits sur un registre spécial avec les noms des donateurs.

Les dépenses consisteront dans la tenue des registres et écritures, la reliure ou l'acquisition des livres, l'entretien du mobilier.

Art. 15. — Il sera tenu note, sur un registre, de la sortie et de la rentrée des livres prêtés.

Art. 16. — Le secrétaire spécial du comité présentera chaque année au conseil municipal un rapport détaillé sur la situation morale et matérielle de la bibliothèque.

» Après de courtes observations, le rapport ci-dessus transcrit est adopté, et le conseil procède immédiatement à la nomination de la commission mentionnée en l'article premier du règlement y joint, également adopté. Pour faire partie de cette commission, le scrutin désigne MM. CANEL, HEUTTE et VERGER. »

En procédant à l'accomplissement de ses devoirs, la commission constata une circonstance déplorable, résultat du *séquestre* temporaire de la bibliothèque : c'est qu'il existait des lacunes dans la collection des documents inédits relatifs à l'histoire de France, publiés par le gouvernement. On s'occupa activement des moyens de combler ces fâcheuses lacunes ; mais, si l'on obtint quelques résultats, ils ne purent être que partiels, attendu que, pour divers ouvrages de cette collection, il ne restait plus d'exemplaires disponibles.

« *Quidquid delirant reges plectuntur Achivi*.... »

Pour ce qui est des rapports entre les membres de la commission et le bibliothécaire, je dois constater que, de part et d'autre, on s'est toujours très-affectueusement entendu. C'était d'autant plus facile, d'ailleurs, que M. Plouin savait apprécier les soins que demande le service d'une bibliothèque et que ses co-administrateurs n'avaient pas la moindre tendance à s'approprier quoi que ce fût de ses attributions spéciales.

Mais, nommé percepteur sur un point du département éloigné de notre ville, M. Plouin cessa d'être bibliothécaire.

Pour lui succéder dans ses fonctions de secrétaire de la sous-préfecture, il était arrivé à Pont-Audemer un M. Victor Advielle, dont personne ici n'avait jamais entendu parler. Ce n'est pas qu'il fût un homme sans importance : c'est probablement parce que la petite ville que nous habitons a le malheur de ne pas toujours savoir ce qui se passe dans les sphères élevées de notre monde sublunaire. En effet, M. Victor Advielle est orné du ruban d'un ordre quelconque ; il nous a révélé, depuis, qu'il appartenait à une foule de sociétés savantes de toutes les parties du globe, qu'il avait écrit sur une foule de sujets et qu'il incubait jusqu'à de volumineux ouvrages sur une autre foule de matières. Aussi multiplie-t-il sa correspondance de tous côtés, comme j'en ai été informé par plusieurs de mes amis des cinq départements de notre ci-devant province et aussi par certain feuilleton de M. Champfleury, dans le journal *le Siècle*....

Rien qu'à l'aspect du ruban multicolore, M. le maire de Pont-Audemer devina que celui qui le portait avait toutes les qualités requises pour remplacer aussi M. Plouin, comme conservateur de notre bibliothèque communale.

M. le maire avait applaudi sans réserve aux mesures prises dans l'intérêt de la bibliothèque par le conseil municipal, d'accord avec lui et ses adjoints ; il avait déclaré qu'à l'occasion il prendrait part aux délibérations de la commission. Assurément, je ne me plains pas qu'il n'ait jamais assisté à nos réunions réglementaires ; mais, après son adhésion absolue, après ses compliments même, — car il ne nous les a pas épargnés, — ce que j'ai bien le droit de trouver passablement *excentrique*, pour ne pas employer un autre mot, — si ce n'est pas qu'il ait procédé à la nomination de M. Advielle sans nous avoir fait la petite politesse du simulacre de prendre notre avis, — c'est du moins qu'il ait... négligé de nous informer, ne fût-ce qu'officieusement, de cette même nomination.

Depuis que M. Plouin avait procédé à la remise de la bibliothèque, l'ouverture en devait être régulièrement faite, à tour de rôle, par un des membres de la commission municipale. Or voici ce qui arriva, quinze jours après cette remise, aux termes du procès-verbal rédigé alors :

« Cejourd'hui 1ᵉʳ mars 1868, le soussigné, membre du comité administratif de la bibliothèque de Pont-Audemer, s'est trouvé, dans la salle de lecture, avec M. Victor Advielle, secrétaire de la sous-préfecture, lequel y était venu pour entrer dans l'exercice des fonctions de bibliothécaire, qui, comme il l'a déclaré, lui ont été confiées par M. le maire. — M. le maire avait fait cette nomination en dehors du comité administratif, sans lui en donner avis et même sans adresser à M. Advielle une simple lettre constatant sa nomination. Quoi qu'il en soit, le soussigné, plein de confiance dans l'exactitude de la déclaration formulée par M. Advielle, a remis immédiatement à celui-ci les registres de service, les fonds laissés par M. Plouin et ceux versés par divers abonnés lors de la dernière séance du 23 février.

» Pont-Audemer, les jour, mois et an susdits.

» A. CANEL. »

En l'absence de mes collègues de la commission, pas plus convoqués que moi-même, j'aurais dû peut-être ne pas donner la main à une installation aussi irrégulièrement réclamée ; mais leur bonne amitié ne m'en a pas tenu mauvais compte et je les en remercie.

Les membres de la commission, qui étaient en même temps au nombre des abonnés pour la lecture à domicile, eurent souvent occasion de remarquer que les procédés de service pratiqués par le nouveau bibliothécaire n'étaient guère conformes à ceux qu'avait suivis son prédécesseur et qui étaient le résultat de délibérations prises en commun. En termes bienveillants et toujours en arrière du public, on donna quelques conseils plus ou moins mis en pratique d'abord, et bientôt à peu près considérés comme non avenus.

Quoi qu'il en soit, entre les membres de la commission et le bibliothécaire, il n'y eut jamais pas même une simple apparence de débat(1). Les réunions réglementaires elles-mêmes continuèrent de se passer sans un seul mot *plus haut que l'autre*, pour me servir d'une expression consacrée par l'usage, et après ce que nous pouvions avoir à blâmer dans les errements de M. Advielle, est-il rien de plus bénin, par exemple, que le procès-verbal du 2 août 1868, rédigé par M. Heutte :

« ...... Il est décidé, porte le texte, que l'on complétera la collection du *Journal de Pont-Audemer*, et que l'on tâchera de se procurer celle des procès-verbaux du conseil général.

» M. le bibliothécaire propose ensuite de faire une demande de

---

(1) Veut-on un exemple des *agissements* de M. Advielle et de la *débonnaireté* de ses surveillants ? — Le voici :

Partout on reconnaît l'utilité de conserver les journaux spécialement affectés à la circonscription. Sur notre demande, la collection incomplète du *Journal de Pont-Audemer* qui se trouvait à la mairie ayant été déposée à la bibliothèque communale, nous parlâmes, devant M. Advielle, de la convenance d'en constater les *desiderata*, afin d'aviser aux moyens d'y pourvoir. L'avance ne réussit guère ; alors je déclarai prendre personnellement la charge de l'opération. Je poussai activement ce travail, les dimanches dont je pouvais disposer. Un jour que j'apportais des numéros manquants ramassés chez moi et ailleurs, je trouvai les séries que j'avais classées sur une table sans emploi, jetées dans un coin de la seconde salle. — « Qui donc a fait ce déplacement ? » demandai-je. — « Ce n'est pas moi, répondit le bibliothécaire ; ce ne peut être que......... » Je n'insistai pas, quoique bien convaincu qu'un pareil procédé était impossible de la part de la personne désignée......; mais je renonçai dès lors à compléter la *restauration* entreprise.

livres aux ministères à l'occasion de la fête du 15 août. Sa proposition est adoptée, ainsi que celle de rechercher les gravures ou les photographies des œuvres du statuaire Cousin.

» Le comité, cependant, ne perdant pas de vue que la bibliothèque est, avant tout, un instrument d'instruction populaire et non un dépôt de livres et d'objets rares, est d'avis de n'employer jamais que de très-petites sommes à l'acquisition de tout ce qui ne peut servir au but que s'est proposé le conseil municipal.

» Le comité exprime ensuite à M. le bibliothécaire son désir de voir le registre de la sortie et de la rentrée des livres prêtés tenu de nouveau comme il l'était par M. Plouin. »

Comme on le voit, les lueurs de la lune de miel continuent de briller encore à l'horizon, et pourtant nous sommes à la veille de voir éclater les bourrasques de l'Avant !

Assurément, ce n'est ni la faute de Rousseau, ni celle de Voltaire. — Mais est-ce la faute du comité administratif, ou bien celle du bibliothécaire, remorqué à toute vapeur par le souverain de la municipalité locale ? — Un simple exposé des faits suffira pour que tout le monde soit en mesure de juger sur qui les torts doivent être rejetés.

Rappelons d'abord le régime de la bibliothèque, selon le règlement du 21 mars 1866 :

1° Elle est administrée, conjointement avec le bibliothécaire, par un comité élu dans et par le conseil municipal et composé de trois membres.

2° Une partie des livres qui la composent seront mis en circulation pour les abonnés payant 2 francs par an ou 20 centimes par mois.

3° La bibliothèque sera ouverte tous les dimanches de l'année, de midi à quatre heures......

Tout d'abord, il convient de s'arrêter à cette dernière clause qui n'admet pas de vacances pour la bibliothèque. Cette prescription d'ouverture pour tous les dimanches de l'année était une conséquence nécessaire de l'admission d'abonnés pour un an. En effet, il en est d'une bibliothèque comme d'un journal : Si je m'abonne à l'une aussi bien qu'à l'autre pour douze mois ou cinquante-deux semaines, l'une n'a pas plus que l'autre le droit de réduire le temps de ma lecture à dix mois ou quarante-deux semaines.

Qu'est-il arrivé, cependant, vers le milieu du mois d'août 1868 ? — Qu'on s'est mis en tête d'imposer à nos abonnés d'un an le déficit de vacances de six semaines, sans préjudice assurément des petites vacances accessoires.

Et comment ces vacances arbitraires ont-elles été annoncées ?

C'est le *Journal de Pont-Audemer*, du 12 août, qui, sans indiquer au nom de qui il parle, proclame la fermeture de la bibliothèque du 17 de ce mois au 1er octobre (1).

Le comité administratif, qui connaissait le règlement et qui, depuis qu'il existait, n'avait jamais vu la bibliothèque fermée, ne manqua pas, bien entendu, de rectifier cette annonce anonyme dans le numéro suivant du journal (15-19 août), et il le fit en ces termes : « En rectification d'une note qui a paru dans le dernier numéro du *Journal de Pont-Audemer*, le comité administratif de la bibliothèque s'empresse de faire savoir aux lecteurs que, conformément à l'assurance qui leur a été donnée plusieurs fois, soit à la salle de lecture, soit publiquement dans ce journal, la bibliothèque de circulation *n'a point de vacances* et doit être ouverte tous les dimanches de l'année sans exception. »

La négation et l'affirmation des vacances reparaissent ainsi qu'il suit, dans le même journal, à la date du 22 août :

« Nous recevons, d'un membre du comité de la bibliothèque, une note avec prière de l'insérer. M. le bibliothécaire, de son côté, nous fait parvenir un petit article traitant le même sujet. N'étant pas à même de pouvoir juger de l'importance de chacun, nous en laissons la responsabilité à qui de droit.

---

(1) Cet entre-filet ajoute : « Les personnes qui désirent avoir des livres en lecture sont priées de vouloir bien les réclamer, dimanche, 16 août courant, dernier jour d'ouverture. » Cela voulait-il dire qu'on donnerait à chaque souscripteur d'abonnement autant de volumes qu'il y aurait de semaines de vacances? C'eût été la violation de l'article 8 du règlement.

BIBLIOTHÈQUE PUBLIQUE.

« Le comité de la bibliothèque rappelle encore aux lecteurs que, nonobstant la note insérée dans le journal du 12 août, et déjà rectifiée dans celui du 19, la bibliothèque sera ouverte demain, de midi à quatre heures, comme elle doit l'être tous les dimanches de l'année sans exception.

VACANCES DE LA BIBLIOTHÈQUE.

« On croit devoir rappeler au public que pendant les vacances de la bibliothèque, il ne sera mis aucun livre en circulation. »

On vient de le voir déclaré par le journal, — c'était M. Advielle, le bibliothécaire, qui proclamait ainsi, au mépris des égards qu'il devait au conseil dans la personne de ses délégués, l'existence de vacances que le règlement ne reconnaissait pas ! Cette conduite était tout simplement une inconvenance, et certes un autre que M. Advielle ne se la fût pas permise. Tout autre que lui, après la première rectification insérée au journal, se serait empressé de réunir le comité dont il relevait, afin de lui donner des explications et de satisfaire, tous d'accord ensemble, — y compris le maire qui revendique la présidence de toutes les commissions, — son désir de vacances, sans léser les droits des abonnés. Pour lui, il a cru devoir suivre un autre errement : c'est son affaire.

Quant au comité, il ne songeait pas le moins du monde à s'en préoccuper. Comme, en maintes circonstances, les membres qui le composaient, avaient déjà remplacé M. Advielle, sur sa propre demande, ils convinrent entre eux de le remplacer encore pendant les vacances qu'il persistait, d'une manière si excentrique, à proclamer envers et contre tous. — M. Turgis, l'un des adjoints, était présent lorsque les membres du comité prirent cette résolution, et je sais qu'il en informa le bibliothécaire. Pour M. Turgis, c'était une démarche spontanée, tendant à mettre fin à l'incident ; mais M. Advielle n'y trouva qu'une occasion de se fourvoyer de plus en plus.

Dans le but de s'acquitter de la charge qu'ils voulaient bien s'imposer au profit des abonnés de la bibliothèque, les membres du comité se présentèrent, le dimanche 23 août, à la mairie, pour y prendre la clef de la salle de lecture ; mais M. Advielle l'a mise à sa poche et emportée chez lui...... Au reste, le commissaire de police et son agent étaient là. Avaient-ils été appelés — (et par qui ?) — pour assurer force aux vacances ? Je ne sais et j'avoue que j'ai le regret de n'avoir pas, d'une manière quelconque, provoqué l'éclaircissement de la question.

Les trois membres de la commission se contentèrent d'aller chez le maire ; mais ce fut démarche perdue. Son parti était pris d'emboîter le pas avec M. Advielle : il trouva que le droit et la raison étaient pour lui et pour son protégé, auquel il nous apprit alors, et seulement alors, qu'il avait accordé des vacances, en vertu, nous dit-il, de son autorité municipale.....

Ainsi tout ce que le bibliothécaire s'est permis de licences est approuvé par le maire, et, de plus, ce dernier vient y apporter son contingent de procédés auxquels il n'y avait certainement pas lieu de s'attendre. Pour complaire à votre protégé, vous teniez, M. le maire, à le gratifier de vacances. Eh bien, soit ! On vous en laisait bien libre. Mais est-ce qu'il n'y avait pas quelque chose qui vous conseillait, si non d'aller un peu plus loin, du moins d'en donner un mot d'avis aux membres de la commission ?.....

Ainsi, encore, les deux volontés — absolues, à ce qu'il paraît, — du maire et du bibliothécaire venaient annuler un règlement, œuvre née de l'accord des deux volontés du conseil municipal et du maire.

Mais, dit-on à titre d'essai de justification, ce règlement était coupable du délit de lèse-majesté municipale ; dès lors il était nul. — Admettons qu'il ait été entaché de ce vice rédhibitoire : dans ce cas, il devait être réformé par *qui de droit*. Mais *celui de droit* n'était assurément pas le maire, complice du conseil pour la perpétration du délit, si délit il y avait. D'ailleurs, avant d'annuler de son chef, — aussi bien qu'avant une démarche régulière pour obtenir l'annulation, — n'eût-il pas été quelque peu à propos, en ce qui touche le maire, d'en référer préalablement au conseil et de chercher, d'accord avec lui, à régulariser la situation, comme, d'un commun accord, il s'était entendu avec lui pour la créer ? Cette légère marque d'égards n'aurait certainement pas tendu à restreindre le pouvoir municipal, que, suivant ses expressions, il entend conserver intact entre ses mains (1).

Après ce qui s'était passé le 23 août, les membres de la commission de la bibliothèque n'avaient plus qu'à s'en référer au conseil municipal. Ils convinrent donc entre eux de demander à M. le sous-préfet une autorisation pour une séance extraordinaire; mais comme ils n'avaient pas la loi sous les yeux, ils l'envoyèrent souscrite de cinq signatures seulement, quand il en fallait sept, et dès lors l'autorisation fit défaut.

Pour tenir les abonnés de la bibliothèque au courant de ce qui les intéressait, je rédigeai sans retard la note suivante, destinée au *Journal de Pont-Audemer* et formulée comme si elle émanait des rédacteurs ordinaires :

« Nous avons inséré dans le dernier numéro de notre journal deux notes contradictoires au sujet de la bibliothèque publique. Cette circonstance a préoccupé un certain nombre de nos concitoyens et nous savons que plusieurs conseillers municipaux ont adressé à M. le sous-préfet une demande d'autorisation pour faire réunir prochainement le conseil à l'occasion de cette affaire. »

Cette note allait prendre place dans la deuxième colonne du journal du 26 août, lorsque M. Advielle se présente à l'imprimerie. En l'absence de M. Dugas, il prétend (en vertu de quelle autorité ?) en interdire l'impression, — insistant principalement sur ce qu'elle ne porte pas de signature. Le prote réplique; mais on raisonne en vain avec M. Advielle. Alors, du bureau du journal, on vient me

---

(1) A toute occasion, le maire déclare bien haut qu'il ne souffrira jamais la défloration de l'autorité municipale entre ses mains. Et pourquoi donc, parfois, demande-t-il lui-même au conseil son intervention dans des questions exclusivement administratives ? Veut-on un exemple ? Je cite celui des modifications demandées dans le placement des marchés.

Oh ! en pareils cas, si le conseil est mis en jeu, c'est pour s'en faire une couverture, et alors on pend volontiers au croc le principe autoritaire.

Pour ma part, je ne suis pas très-approbateur des gens qui cherchent toujours à *se tirer les flancs de la presse*.

prévenir : je change cinq ou six mots de la rédaction primitive, je signe, M. Advielle bat en retraite et la note est publiée. — Je ne serais pas surpris que le protégé de M. le maire persistât à croire qu'il y a une bonne dose de sel attique dans ce petit plat de son métier.

Cependant les justes réclamations des abonnés se renouvelaient. Des conseillers municipaux, cette fois au nombre de douze, formèrent, en conséquence, une nouvelle demande pour la réunion du conseil. La convocation fut autorisée, et, le 18 septembre, on est en séance.

Ici je vais transcrire, — sans abréviation, pour les points essentiels, — le procès-verbal rédigé par M. Ch. Verger :

« M. le maire offre la parole à celui de MM. les conseillers qui la demandera ; M. Canel, en sa qualité de membre de la commission d'administration de la bibliothèque, s'exprime en ces termes :

« Pour être bref, et, d'ailleurs, pour avoir des notes toutes
» prêtes, si une discussion publique devient nécessaire, j'ai cru
» devoir résumer par écrit les faits qui amènent devant vous la
» question de la bibliothèque....... »

Suit l'exposé rapide des principales circonstances rapportées ci-dessus (1). Il se termine ainsi :

« L'origine de la question qui vous est soumise étant ainsi bien
» établie, je laisse à mes collègues de la commission le soin de
» vous demander ce que vous en pensez et comment vous appré-
» ciez qu'elle doit être résolue. »

Le procès-verbal continue en indiquant qu'à son tour le maire lit un rapport et en donnant le texte de ce rapport. Il y a, dans la pièce municipale, — comme d'habitude, au reste, — une si effrayante prolixité, que je crois devoir rendre à mes lecteurs le service de leur en présenter une simple analyse, par extraits textuels, autant que possible.

---

(1) Dans cet exposé, ne figure, relativement au maire, aucune des appréciations de la rédaction actuelle. Je voulais, et pour cause, y être réservé..... jusqu'à l'exagération.

« Les bibliothécaires, y est-il dit, sont à la nomination des
» maires, aux termes des lois et arrêtés. La loi, la jurisprudence
» et la pratique sont d'accord pour attribuer au maire seul le
» droit: 1° de prendre des arrêtés pour réglementer les conditions
» d'admission et de prêt des livres ; 2° de fixer les vacances des
» bibliothèques.

» Toutes les bibliothèques ont des vacances.... c'est le maire
» qui en fixe les époques et la durée (lois des 16-24 août 1790...,
» 19-22 juillet 1791..., et 18 juillet 1837 sur la police et l'admi-
» nistration communale).........

» Enfin, aux termes de l'article 37 de l'ordonnance royale du
» 22 février 1839, il doit être établi, dans toutes les villes qui pos-
» sèdent une bibliothèque publique, sous la présidence du maire,
» un comité d'inspection de la bibliothèque et d'achat de livres
» chargé de déterminer l'emploi des fonds consacrés aux acqui-
» sitions, la confection des catalogues, etc. — Tous les ans, à
» l'époque des vacances, l'état des acquisitions doit ère adressé
» au ministre de l'instruction publique, et le comité, jadis à la
» nomination de M. le ministre de l'instruction publique, par
» l'ordonnance de février 1839, est attribué aux maires, depuis
» que l'ordonnance royale du 2 juillet 1839 leur a attribué la
» nomination du bibliothécaire.

» Telle est en substance, Messieurs, la législation sur la ques-
» tion qui régit les bibliothèques (1). »

---

(1) Le conseil municipal voulait que la bibliothèque fût tenue convenable-
ment et régulièrement, en un mot qu'elle fût *conservée*, pour employer un
verbe d'où est sortie la qualification de *conservateur*, souvent employée dans
le public comme synonyme de bibliothécaire; mais il attachait peu d'importance que ce fût en vertu du règlement adopté par lui, ou d'un autre règlement émanant de la mairie. Aussi ne s'occupa-t-il guère des textes cités.
Sa pensée, qu'il manifesta par un vote, était de maintenir tout simplement
ce qui avait été fait, afin de laisser à M. le préfet le soin d'une solution telle qu'il l'entendrait, — se réservant de protester, comme il l'entendrait lui-même, contre la façon d'agir du maire. Quoi qu'il en soit,
le parti tiré des textes prêtés à ce dernier souleva, de la part de M. Heutte,

Ici, déclaration de sympathie pour la bibliothèque; puis rappel de la délibération du conseil du 21 mai 1866, qui adopte le règlement devenu anarchique, et enfin affirmation que ce règlement « a été rédigé, sans intention mauvaise de la part de personne, complètement en dehors de la loi. »

« Mais, ajoute le rapport, là comme en toutes les choses hu-
» maines, Messieurs, l'expérience vient vous prouver qu'il ne faut
» jamais s'y placer, puisqu'aujourd'hui, par suite de la réunion
» qu'on a provoquée, il nous va falloir rentrer dans la voie lé-
» gale.... Nous n'avons pas à considérer ici les personnes....
» c'est une question d'attributions et de principes. Mais puisque
» la commission a cru devoir en saisir l'administration supé-
» rieure, il faut nous placer sur le terrain légal, le seul, du reste,
» sur lequel administrativement il nous soit possible aujourd'hui
» de poser la question. — Tel est le but de votre réunion. »

Après avoir reconnu que le règlement de la bibliothèque remplissait le but que tous voulaient atteindre, le rapport reprend ainsi :

« Aujourd'hui, je ne puis que vous exprimer le regret qu'au
» lieu de m'entretenir de certains froissements que j'ignorais et
» que j'aurais pu aplanir, la commission ait cru devoir d'abord
» insérer au journal ce qui suivra. Dès lors cette publication ne
» me permettait plus de provoquer d'explication près d'elle. Que
» la commission et le conseil soient bien convaincus que personne
» plus que l'administration et moi ne regrette ce qui arrive (1). »

---

la juste observation que voici : c'est que les textes invoqués avaient été rédigés pour les bibliothèques publiques, telles qu'elles existaient alors, et non pour les bibliothèques de circulation, imaginées depuis. Nulle part les bibliothèques nouvelles ne sont régies d'après ces textes. Lorsque le conseil municipal a décidé la mise en circulation des livres, à ce destinés, de la bibliothèque de la ville, il a adopté un règlement copié, en grande partie, sur les règlements partout admis des autres bibliothèques de circulation. Si ces règlements ne sont pas délictueux, comment celui de la bibliothèque de Pont-Audemer pourrait-il l'être ?

(1) Voilà un curieux passage : 1° supposition de froissements pour se donner

Suit le détail des avis de fermeture et d'ouverture de la bibliothèque, insérés au journal. Après quoi, ceci :

« Je fus justement surpris, pour ne pas dire plus (1), de ces
» publications qui ne pouvaient émaner que du comité ;
» car elles venaient par deux fois, sans en avoir au préalable été
» entretenu, faire opposition : 1° à un acte accompli par le maire
» dans la plénitude de ses fonctions, celle de la police de la biblio-
» thèque publique, confiée à sa vigilance et à son administration ;
» 2° à l'autorité qu'elles lui confèrent de prendre, à cette occasion,
» tous les arrêtés et toutes les mesures qu'il juge nécessaires sous
» sa responsabilité (et les vacances de la bibliothèque publique
» sont de ce nombre). Je pris alors la résolution d'en assurer
» l'exécution, et, afin que personne ne l'ignorât, je fis afficher à
» la porte de l'hôtel-de-ville et de la bibliothèque, le dimanche
» qui suivit, un avis signé de moi, portant que la bibliothèque ne
» serait pas ouverte. M. le bibliothécaire responsable était porteur
» de la clef.

» MM. les membres du comité se rendirent alors chez moi.
» Il résulta de notre entretien que ce malentendu avec le biblio-
» thécaire (ce sont les expressions très-justes de ces Messieurs,
» dont je leur exprimai le regret) m'était tout-à-fait étranger,
» ainsi qu'ils le reconnurent. J'ajoutai que je ne pouvais qu'expri-
» mer mon étonnement des articles du journal et surtout du pre-
» mier, dont les termes et la portée ne me paraissaient pas avoir
» été suffisamment pesés. — Du reste, qu'en disant dans le règle-
» ment que la bibliothèque serait ouverte tous les dimanches, le
» conseil municipal, selon nous, n'avait pas entendu enlever au
» maire le droit d'accorder des vacances (2), si elles lui étaient
» demandées par le bibliothécaire.

---

une apparence de raison ; 2° reproche aux uns d'une publication que d'autres ont nécessitée....; — etc. — Tout le monde n'aurait pas trouvé cela.

(1) Hein ? On ne dira pas, je l'espère, qu'il n'y a point quelque chose de magistral dans ce style !

(2) Assurément ! Mais le conseil n'avait pas entendu non plus donner au

» J'ajoutai que le petit nombre de lecteurs, trop rares encore,
» avait pu, du reste, se procurer des livres à l'avance et que rien
» n'était en souffrance (1).

» Ces Messieurs me quittèrent résolus à en référer à l'autorité
» supérieure (2). Je regrette cette résolution, car elle va nous for-
» cer à rentrer dans les voies légales, puisque votre délibération
» doit être soumise à l'approbation de M. le préfet.

» Je résume, Messieurs, cet exposé déjà trop long par ce qui
» suit :

» La délibération du 31 mai 1866, et le règlement adopté en la
» même séance, ayant été votés en dehors des prescriptions sur
» la matière, ne pouvaient recevoir leur exécution que d'une ma-
» nière officieuse, en dehors de l'autorité supérieure, en famille,
» pour ainsi dire ; mes adjoints et moi l'avions accepté ainsi et
» nous y eussions concouru constamment avec le comité. —
» Aujourd'hui, puisque l'administration, par votre demande, est
» saisie de la question, il est indispensable de rentrer dans la voie
» légale, en réglementant la bibliothèque selon ses prescriptions.

» Je vais faire immédiatement approprier le règlement à ses
» exigences, en ne le modifiant que le moins possible et vous le
» soumettrai, avant de l'arrêter d'une manière définitive. Je

maire la prérogative d'agir envers les membres du comité, comme s'ils étaient ses très-humbles et très-obéissants sujets.

(1) Une soixantaine d'abonnés : ce n'est pas déjà si mal pour une petite ville. Et puis, M. le maire, que faites-vous, à l'exemple du bibliothécaire, de l'article du règlement qui porte qu'avec un seul abonnement on ne peut avoir entre les mains qu'un seul volume ? Il y a dans la bibliothèque de circulation, un certain nombre d'ouvrages plus ou moins *volumineux*, qui sont lus en même temps par plusieurs personnes. Comment donnerez-vous satisfaction à chacune d'elles, si vous livrez une série de volumes à la première ou aux premières arrivées ?

(2) Pour être exact, il fallait dire : *au conseil municipal présidé par le maire*. C'était là le moyen de s'entendre, si l'on voulait s'entendre. Mais il vous a plu de vous enferrer de plus en plus, et quand même, dans la pratique du triste procédé : *Fiat voluntas mea*, — et alors seulement il est devenu nécessaire d'en « référer à l'autorité supérieure. »

» composerai, cela va sans dire, Messieurs, le comité de surveil-
» lance des trois mêmes membres qui, depuis leur entrée en fonc-
» tions, ont prêté à l'œuvre tout le concours et le dévouement que
» nous en espérions avec raison (1). Rien ne sera changé à la
» marche des choses de la bibliothèque et le bien s'accomplira
» dans les conditions que nous voulons tous .... »

Au procès-verbal, maintenant, de reproduire l'appréciation du conseil :

« Les paroles que vient de prononcer M. le maire et en particulier ses conclusions soulèvent de vives et unanimes réclamations de la part du conseil. M. le maire, lors du vote du règlement, n'a fait aucune objection, et il a, trouvent certains membres, mauvaise grâce à se réfugier aujourd'hui derrière la lettre de la loi, pour vouloir anéantir une délibération prise par le conseil, de bonne foi, dans un but de moralisation générale, — délibération à laquelle il a été le premier à applaudir.

» Personne n'entend contester à M. le maire le droit, que lui confère la loi, d'administrer la bibliothèque et d'accorder des vacances au bibliothécaire ; mais M. le maire a dit lui-même que, aux termes de la loi, il prend des arrêtés : 1° à l'effet d'ordonner les mesures locales sur les objets confiés à sa vigilance et à son autorité. Or M. le maire reconnaît qu'*aucun arrêté* n'a été pris concernant la bibliothèque : donc le règlement voté par le conseil et par le maire demeure dans sa force et vigueur et doit être exécuté, jusqu'à ce qu'un arrêté l'ait annulé pour lui substituer le texte rigoureux de la loi, texte que tous ignoraient lors de la délibération du 21 mai 1866.

» M. le maire avait certes, dit-on, le droit d'accorder des vacances à M. Advielle ; mais celui-ci n'a pas dû prendre possession de ses fonctions sans savoir quelles obligations il contractait. Il a dû lire le règlement et, en particulier, l'article 6 qui dit posi-

---

(1) Ah ! M. le maire, vous appréciez bien mal le sentiment que les membres du comité doivent avoir de leur dignité personnelle, si vous avez cru qu'après ce qui s'était passé ils se prêteraient à ce que vous formulez ici.

tivement que la bibliothèque sera ouverte tous les dimanches. Si M. Advielle avait besoin de vacances, il devait prier MM. les membres de la commission de le remplacer, afin qu'ainsi que le dit M. Canel, les abonnés pussent jouir de leurs droits. Jamais, quand on s'est adressé à eux, les membres de la commission n'ont mieux demandé que de faire le service. M. le maire est le premier à le reconnaître......

» A tort, ajoute-t-on, M. le maire s'est froissé de la note insérée au *Journal de Pont-Audemer* du 19 août dernier. Cette note n'était que la réponse à une première note insérée audit journal, le 12 août, et qui, brutalement, et sans indiquer en vertu de quelle autorité, annonce la fermeture de la bibliothèque. Loin de porter atteinte aux attributions de M. le maire, la commission, en se montrant légitimement froissée des façons d'agir de M. Advielle, revendiquait à la fois, et les droits de l'autorité municipale dont le nom ne figure pas dans la note du 12 août, et les droits que lui conférait, à elle-même, la décision du 21 mai 1866.

» M. le maire, encore une fois, avait parfaitement le droit d'accorder des vacances à M. Advielle ; mais celui-ci devait provoquer la réunion de la commission dont le bon vouloir ne lui a jamais fait défaut, et s'entendre avec elle pour assurer le service.

» La commission avait si peu l'idée d'un conflit qu'avant la fermeture de la bibliothèque, les trois membres s'étaient entendus pour les jours où chacun d'eux devait remplir les fonctions de bibliothécaire. — En réclamant la clef de la bibliothèque, la commission n'a voulu en rien faire échec à l'autorité de M. le maire, mais tout simplement assurer l'exécution du règlement voté par le conseil. Le fait par M. Advielle d'avoir pris et emporté la clef indique assez clairement le but qu'il se proposait d'atteindre : mettre en face la commission et l'autorité municipale.

» La démarche des membres de la commission près de M. le maire témoigne assez hautement de leurs intentions d'arriver à une conciliation ; mais tout rapprochement devenait impossible par le fait d'avoir enlevé la clef de la bibliothèque. Quelle démarche, de la part de M. Advielle, peut-on opposer à cette visite à M. le maire ?

» C'est en vain que M. le maire, se faisant le défenseur de M. Advielle, voudrait invoquer, en faveur de celui-ci, la question de responsabilité personnelle...... C'est qu'il a pris possession de ses fonctions, sans qu'aucun état ait été dressé des volumes....

» D'ailleurs, le bibliothécaire a-t-il le droit d'emporter la clef de la bibliothèque ? Celle du secrétariat reste chez le concierge, afin qu'en cas d'incendie, ou dans toute autre circonstance de force majeure, on puisse y entrer. Quel intérêt donc, si ce n'est celui d'établir son autorité *personnelle*, a pu diriger M. Advielle ?

» Telles sont, en substance, les diverses objections soulevées par le rapport de M. le maire.

» Lecture est donnée au conseil de lettres adressées par M. Advielle à deux membres de la commission, MM. Canel et Verger. — Voici la teneur de la lettre que reçut M. Verger :

« Monsieur,

» Lundi je vous verrai et vous dirai pourquoi la bibliothèque ne
» sera pas ouverte demain. — Je suis persuadé à l'avance que vous
» approuverez ma résolution.

» Agréez, Monsieur, la nouvelle assurance de mes sentiments
» bien dévoués...... — Victor ADVIELLE. »

» Sur l'enveloppe on lit: *Monsieur Charles Verger, Membre du comité* consultatif *de la bibliothèque.*

» La lettre adressée à M. Canel est ainsi conçue :

« Monsieur,

» Etant un peu souffrant, je ne puis aller vous dire de vive voix
» pour quels motifs je n'accepte point la proposition que vous avez
» bien voulu me faire par M. Turgis de me remplacer demain à
» la bibliothèque (1).

» Je vous verrai lundi, et je vous crois *assez raisonnable* (2)

---

(1) Comme on l'a vu ci-dessus, M. Turgis n'avait rien à offrir et n'a rien offert, de ma part, à M. Advielle.

(2) Je ne suis pas bien exigeant sur le chapitre, passablement absurde, de l'étiquette. Il me semble pourtant que, *de M. Advielle à moi*, une autre expression n'eût pas été déplacée.

» pour être persuadé que vous désapprouverez la conduite tenue à
» mon égard par M. Heutte (1). — Je vous donne à l'avance bien
» volontiers cette explication.

» Agréez, etc...... Victor Advielle. »

» Puis M. Canel expose que, lui, ayant pris la peine de classer, compléter et coordonner les numéros du *Journal de Pont-Audemer* ...., a retrouvé cette collection bouleversée et jetée dans un coin. — En vain M. Advielle a voulu rejeter ce fait sur d'autres personnes : il demeure évident pour le conseil que lui seul peut en être l'auteur.

» M. Heutte déclare qu'il ignore complètement en quoi il a pu froisser M. Advielle. M. le maire, interrogé sur ce point, n'a reçu de M. Advielle aucune plainte qui puisse justifier le fait articulé par lui.

» D'autre part, et à maintes reprises, les membres de la commission ont remarqué que M. Advielle apportait dans ses fonctions de bibliothécaire la plus grande négligence. — Certaines personnes non abonnées ont des livres qui leur sont prêtés. Le registre d'entrée et de sortie est tenu d'une manière fort irrégulière. Enfin M. le bibliothécaire affecte de faire de la bibliothèque communale sa chose propre, sans souci ni de la commission, ni de M. le maire, sous l'autorité duquel il cherche aujourd'hui un abri.

» Enfin un membre fait observer que, depuis un an qu'il est à Pont-Audemer, M. Advielle s'est mis en opposition avec toutes les personnes que leurs fonctions mettent en rapport avec lui.

» Un membre demande au conseil d'inviter M. le maire à révoquer M. Advielle de ses fonctions. M. le maire déclare qu'il

---

(1) Je sais positivement qu'il n'avait existé aucun conflit entre M. Heutte et M. Advielle. Il est vrai que, de son chef et sous un autre nom que le sien, ce dernier avait adressé à M. Heutte une singulière lettre, tout-à-fait étrangère à la bibliothèque ; mais elle était restée sans être honorée d'une simple observation, même verbale, à l'adresse de l'auteur. — Si celui-ci se permettait une dénégation à cet égard, je suis convaincu que M. Heutte m'autoriserait à élucider cette indication un peu énigmatique.

ne croit pas devoir mettre aux voix cette proposition, mais qu'il croit que la loi s'y oppose.

» Un autre membre propose que M. le maire se charge de faire comprendre à M. Advielle qu'il serait de sa dignité de se démettre de ses fonctions. — M. le maire décline cette commission, se réfugiant sous le droit absolu.

» Enfin, après une longue discussion, considérant :

» Que le règlement du 21 mai 1866 a été voté et accepté avec une égale bonne foi par le conseil et par M. le maire ;

» Que ce règlement a rempli le but qu'on s'était proposé, c'est-à-dire amener des lecteurs à la bibliothèque ;

» Que l'application de ce règlement n'a rencontré aucune difficulté jusqu'au jour où M. Advielle a voulu substituer son autorité et sa volonté personnelles à l'autorité et à la volonté du conseil municipal ;

» Que, si ce règlement n'a point été approuvé par l'autorité supérieure, ce fait est en dehors de l'intention du conseil qui n'a jamais cherché à se soustraire à l'esprit de la loi ;

» Que fermer la bibliothèque pendant sept semaines aurait pour effet d'éloigner les lecteurs abonnés ;

» Que, si M. le maire a le droit d'accorder des vacances à M. le bibliothécaire par lui nommé, la complaisance qu'ont MM. les membres de la commission de s'offrir pour le remplacer, permet qu'il n'y ait aucune interruption dans le service ;

» Par ces motifs, le conseil, interprétant sa délibération du 21 mai 1866, maintient le règlement tel qu'il a été voté, et notamment l'article 6, qui porte que la bibliothèque sera ouverte tous les dimanches.

» Cette décision est adoptée à l'unanimité moins une voix.

» Un membre demande que mention soit faite au procès-verbal de l'opinion du conseil sur la manière d'agir de M. Advielle, et le conseil, considérant :

» Que tout, dans la conduite de M. Advielle, dénote l'intention formelle de ne tenir pour rien la commission nommée par le conseil dans la séance du 21 mai 1866 ; — que le fait d'avoir prêté des livres de par sa seule autorité constitue une violation flagrante du règlement ; — que des explications qui viennent d'avoir lieu et notamment de la lettre du 4 août et des deux lettres copiées ci-dessus, il résulte évidemment que l'auteur a eu, en les écrivant, une intention formellement désobligeante pour la commission ; — que le fait, sans précédent et sans motif raisonnable, d'avoir emporté la clef de la bibliothèque a eu évidemment pour but de mettre en lutte l'autorité de M. le maire, d'une part, et celle de la commission, de l'autre ;

» Le conseil...... blâme la conduite tenue par M. le bibliothécaire à l'égard de MM. les membres de la commission.....

» Le conseil décide que la demande de publier *in extenso* cette délibération, dans le *Journal de Pont-Audemer* sera adressée à M. le préfet........ »

Circonstance curieuse ! Deux membres ayant formulé cette demande de publication *officielle*, ce fut le maire qui, à la fin de la séance, insista pour qu'elle fût mise aux voix. Dès lors ma première pensée, je dois l'avouer, a été qu'il n'agissait ainsi que dans l'espoir d'un refus d'autorisation et pour empêcher ainsi le *Journal de Pont-Audemer*, qui jouit du privilège des annonces, d'en donner, à ses risques et périls, la communication *officieuse*. Quoiqu'il en soit, je ne m'y opposai pas ; mais je dis quelques mots qui laissaient clairement percer ma manière de voir. Eh bien ! dans une séance ultérieure, celui qui s'était fait ex abrupto le partisan de la proposition, ayant pris à tâche de réclamer une modification de procès-verbal, insista vivement pour me faire croire, sinon que j'étais l'auteur de la demande, du moins que j'avais proposé qu'elle fût rappelée à M. le préfet. « Je me suis borné à solliciter le rappel, à M. le préfet, du vote relatif au règlement de la bibliothèque, — répondis-je ; mais puisque vous y tenez si fort, je ne m'oppose nullement à votre désir d'addition. » (Voir ci-après la séance du 16 novembre.)

Le temps, comme on le voit, s'était écoulé sans que la question eût été résolue, et l'on avait profité de la session ordinaire du mois de novembre pour la remettre à l'ordre du jour. Voici comment le procès-verbal de la séance s'explique à cette occasion :

« Un membre rappelle à M. le maire que, dans la séance du

18 septembre, relative à l'interprétation du règlement de la bibliothèque, le conseil a sollicité de M. le préfet son opinion sur le vote de ce même jour, et l'autorisation de publier *in extenso* la délibération, et il demande si la réponse de M. le préfet est arrivée à la mairie. — M. le maire répond que M. le préfet n'a point encore fait connaître sa décision. Plusieurs fois M. le maire a eu l'occasion d'écrire à M. le préfet ; il l'a même vu ; mais il a jugé plus prudent de garder le silence sur ce débat. Il espère, ajoute-t-il que le conseil approuvera la conduite tenue par lui.

» Un certain nombre de membres réclament contre l'idée que vient d'émettre M. le maire, et, sur leur proposition, le conseil décide, à l'unanimité moins une voix, qu'il prie M. le préfet de bien vouloir, après avoir pris connaissance du procès-verbal de la délibération du 18 septembre, faire connaître aussitôt que cela lui sera possible sa décision, et s'il autorise la publication *in extenso* de cette séance. — M. le maire seul ne s'associe pas à la majorité, quant à la publication *in extenso* (1). »

Parmi les motifs que personnellement j'avais invoqués pour justifier l'insistance du conseil auprès de M. le préfet, se trouvait celui-ci : J'ai donné à la ville ma bibliothèque, à la formation de laquelle j'ai consacré beaucoup de soins. Comme, à juste titre, je me préoccupe de son avenir, il m'importe de savoir, sans trop de retards, quelles nouvelles mesures je pourrais avoir à prendre, si l'état de choses actuel paraissait devoir se maintenir. — Et je rappelais sommairement les plaintes déjà connues du comité touchant le service de la bibliothèque communale.

Là-dessus, M. le maire de rompre une lance en l'honneur de son protégé : « M. le maire, dit le procès-verbal, réplique que les expressions dont vient de se servir M. Canel ne sauraient s'appliquer à M. Advielle, bibliothécaire de la ville, dont la capacité est notoire et qui apporte dans ses fonctions toute la ponctualité et l'ordre désirables. » — Evidemment M. le maire affirmait de con-

---

(1) Ainsi le protecteur improvisé de la demande de publication est précisément celui, et le seul, qui vote contre elle ! C'est à n'y rien comprendre.

fiance; car jamais il n'avait donné signe de vie depuis 1866, à l'occasion des affaires intérieures de la bibliothèque.

Le procès-verbal continue : « Un membre objecte à M. le maire que, quant à la ponctualité, le 28 octobre M. le maire a été obligé de recourir à l'obligeance bien connue de M. Le Normand, pour faire faire le service de la bibliothèque ; que, sous le rapport de l'ordre, les sujets de plaintes formulées par la commission, le 18 septembre, deviennent de jour en jour plus graves : les livres sortent de la bibliothèque sans contrôle et sans que le registre de prêt soit signé.

» Un autre membre exprime sa surprise de ce que M. Advielle n'ait pas compris qu'il eût été de sa dignité de donner sa démission.

» M. le maire répond que M. Advielle a agi comme il a jugé bon de le faire, et que l'autorité municipale n'entend intervenir en rien dans sa décision. Quant à l'absence dont on se plaint, M. le maire affirme que M. Advielle, obligé de voyager pour affaire de famille, l'a prévenu le samedi 27 (1). Il a cru devoir faire appel à l'obligeance de M. Le Normand.... Enfin, ajoute M. le maire, la commission a singulièrement tort d'invoquer le règlement ; car, aux termes de ce même règlement, elle devait se réunir le dimanche 28 octobre. Or M. Turgis, adjoint, a vainement attendu, de midi à quatre heures, pour présider la réunion (2).

» A l'unanimité, les membres de la commission protestent contre les paroles qui viennent d'être prononcées. M. le maire, dans le discours qu'il a lu le 18 septembre, déclare hautement

---

(1) On s'est permis de croire partout que l'affaire de famille n'était pas autre chose qu'un prétexte pour ne pas se trouver en face de la commission, dans le cas où elle se réunirait.

(2) Jamais le maire n'avait daigné présider la commission. Si nous avions su que, cette fois, il avait songé à déférer son droit de présidence à l'un de ses adjoints, nous nous serions empressés d'éviter à M. Turgis l'ennui d'une attente inutile, en l'informant qu'après ce qui s'était passé, il nous paraissait hors des convenances de nous réunir.

qu'il tient le règlement comme nul et non avenu, ayant été pris en dehors des prescriptions de la loi. — D'ailleurs le fait de n'avoir pas ouvert la bibliothèque, quand le conseil, à l'unanimité moins la voix de M. le maire, votait le maintien de l'article 6 du règlement, n'indique-t-il pas clairement que le règlement est abrogé aux yeux de M. le maire, et le vote du conseil considéré comme sans valeur ?

» A ce moment, neuf heures trois quarts, M. le maire, pour couper court à toutes les interpellations, lève la séance, ce qui force l'assemblée de se séparer, sans désigner les membres appelés à composer les commissions à l'examen desquelles deux affaires ont été renvoyées dans le cours de la soirée. »

Environ cinq semaines plus tard, le 26 décembre, le conseil se retrouve en séance.

« M. le maire, dit le procès-verbal, donne lecture de la lettre suivante :

« Monsieur le maire,

» Par sa lettre du 22 décembre courant, M. le préfet me charge
» de vous informer que le conseil municipal de Pont-Audemer
» ayant traité, dans sa délibération du 18 septembre dernier, du
» règlement de la bibliothèque et de la nomination du bibliothé-
» caire, questions rentrant d'après la loi et les règlements dans
» vos attributions, cette délibération ne lui paraît pas susceptible
» d'approbation, et que, dès lors, il n'y a pas lieu d'en autoriser
» la publication.

» J'ai l'honneur de vous prier, Monsieur le maire, de porter
» cette décision à la connaissance de votre conseil municipal,
» dont j'autorise, à cet effet, la réunion extraordinaire.

» Agréez, M. le maire,... le sous-préfet, CLAUDON. »

» M. le maire offre la parole à ceux de MM. les membres qui voudront la prendre.

» Un membre fait la proposition suivante : Le conseil regrette la réponse faite le 22 décembre et prie M. le préfet, après avoir pris de nouveau et sérieusement connaissance de la délibération du 18 septembre 1868, de bien vouloir s'expliquer d'une manière catégorique sur les deux délibérations des 21 mai 1866 et 18 septembre 1868.

» Cette proposition est mise aux voix et n'est point adoptée.

» M. le maire invite le conseil à se prononcer sur le point de savoir s'il accepte ou non la réponse transmise par M. le sous-préfet.

» A la majorité, le conseil décide n'avoir, quant à présent, aucune réponse à faire. »

Voilà, assurément, une séance de conseil municipal dont la marche n'est guère conforme à ce qui se pratique d'habitude. — En effet, le conseil n'y est renseigné sur la décision préfectorale que par une simple phrase de seconde main, qui semble combinée de façon à la faire connaître le moins possible, et c'est le maire, — autorisé à réunir le conseil uniquement pour recevoir une communication, — qui provoque les membres présents à mettre en discussion cette même communication préfectorale si incomplètement exposée !

Règle générale : toute communication préfectorale aux conseils municipaux arrive par l'intermédiaire des sous-préfectures ; mais elle y arrive *textuelle*. Pourquoi, dans l'espèce, une dérogation à cette règle ? On le saura, vraisemblablement. En attendant, le public ne se fait pas faute de formuler goguenardement sa libre hypothèse touchant l'inventeur du procédé nouveau.

Quant à l'insistance du maire pour exciter le conseil à se prononcer sur la décision préfectorale, quel en était le but ? — Peu nous importe à tous. Le fait est que le maire parut fort désappointé, lorsqu'il constata le vote final du conseil.

Puisse-t-il avoir été plus satisfait du nouvel incident exposé dans la lettre que voici :

« Monsieur le préfet,

» Depuis longtemps vous avez connaissance du dissentiment qui s'est élevé entre M. le maire et nous, au sujet de la bibliothèque de la ville, ou plutôt du bibliothécaire.......

» Quoique notre règlement, copié sur ceux des bibliothèques circulantes qui sont déjà si nombreuses, ait produit les meilleurs résultats jusqu'à l'arrivée de M. Advielle, nous n'avons jamais prétendu le soustraire aux modifications légales que l'autorité supérieure voudrait y faire.

» Ce n'est pas non plus au nom de la loi, mais au nom seul des convenances, que nous avons prié M. le maire de pourvoir au remplacement de M. Advielle, cause unique du conflit, et dont la conduite inconvenante n'a pas été blâmée avec moins d'unanimité dans la ville que dans le conseil......

» La préférence que M. le maire persiste encore à lui accorder sur ses amis, sur le conseil, sur la ville toute entière, blesse si profondément notre dignité, que, sûrs de l'approbation de nos concitoyens, nous croyons n'avoir plus qu'à déposer le mandat qu'ils nous ont confié.

» En conséquence, Monsieur le préfet, etc...... »

Onze membres du conseil adhéraient à cette déclaration :
MM. Aubron, Canel, Couillard, Fournier, Eug. Heutte, Homo, E. Laisney, Le Mariey, Roudil, L. Saffrey et Ch. Verger.

Partout, il y a le contraste, l'antithèse. Après les démissions ci-dessus, celle de M. Advielle, dont la rédaction a pris un certain air de crânerie ultra-vaniteuse, pour essayer de se produire sur un bon pied devant le public. Elle est au *Journal de Pont-Audemer* du 9 janvier 1869. On y voit comme quoi M. Advielle « n'avait accepté que par dévouement » les fonctions de bibliothécaire à lui confiées par M. le maire ; — comme quoi « le conflit soulevé à l'occasion des vacances étant vidé par la démission de plusieurs conseillers, il ne tient plus à rester en fonctions. »

Comme chez Nicolet, parbleu ! De plus fort en plus fort. Reste à savoir si le maire, qui dit avoir été sollicité par M. Advielle pour en faire un bibliothécaire, aura été bien flatté de cette assurance d'acceptation par dévouement qui fait supposer des avances de la part de celui-là. — Et puis M. Advielle est, de beaucoup, trop peu modeste, quand il s'imagine que c'est pour lui que des conseillers municipaux ont déposé leur mandat. Il a été l'occasion des démissions et rien de plus. Qu'il veuille bien le croire. — Et puis encore n'est-il pas quelque peu merveilleux qu'on vienne proclamer, d'un ton de grandeur majestueuse, qu'on *ne tient plus à rester en fonctions*, quand tout le monde sait bien que l'abandon de ces fonctions a été le résultat d'une pression extérieure, à laquelle il eût été difficile de résister impunément.

Je dois ajouter au reste, comme parenthèse, que M. le maire est complètement étranger à cette pression. Oh! non ; M. le maire n'en peut pas réclamer l'honneur. Loin de là, en acceptant la démission de son protégé dans les termes impossibles où elle est conçue, M. le maire s'est fait contre tous les membres du conseil, y compris ses deux adjoints, le complice de la pensée du rédacteur, laquelle avait la prétention d'être injurieuse, mais qui, en somme, n'a généralement paru que ridicule.

Je reviens aux démissions des conseillers municipaux, et c'est pour insister sur la véritable cause qui les a amenées. La véritable cause de ces démissions a été la conduite du maire envers le conseil en général et la commission de la bibliothèque en particulier. On vient de lire le récit détaillé des faits, et toute personne qui sent ce qu'on se doit à soi-même, surtout quand on est chargé d'un mandat de ses concitoyens, a très-bien compris qu'en agissant comme ils l'ont fait les démissionnaires ont rempli un devoir envers leurs mandants et envers eux-mêmes.

D'ailleurs, ce n'est pas la première fois que le maire a méconnu ce qu'il doit au conseil. Chacun des membres qui le composent peut se rappeler d'anciens débats passablement caractéristiques et aussi de nombreuses délibérations qui n'ont jamais reçu d'exécution, parce qu'elles n'étaient pas du goût de M. le maire. Sans recourir aux registres de la ville, j'en pourrais citer, dès à présent, divers exemples ; je me borne, aujourd'hui, à signaler l'importante question d'une crèche et d'un asile, pour l'examen de laquelle il y avait une commission, dont la réunion a été plus d'une fois réclamée et qui n'a jamais été réunie, depuis trois ans au moins qu'elle existe (1). — Ainsi le dernier trait a, tout simplement,

---

(1) Cette question ne peut plus être indéfiniment ajournée. Le produit de la vente de la brochure sur notre chemin de fer, et la valeur des jetons de présence dont il y est fait mention, vont fournir, pour cet établissement, le premier fonds disponible, — environ 800 francs, si j'en juge par l'empressement de nos

comblé la mesure des griefs ; c'est la goutte d'eau qui fait déborder le vase.

Si de plus amples détails sur ce sujet deviennent nécessaires, j'en prendrai texte pour une petite histoire municipale de notre ville, à partir de l'installation du conseil qu'il va bientôt falloir reconstituer.

compatriotes à se procurer la brochure en question, — et une souscription publique, qui ne pourra guère tarder à s'ouvrir, devra aisément apporter le reste de la somme nécessaire.

A propos de la vente de la brochure, je dois proclamer ici que, pour augmenter le produit en faveur d'une œuvre de bienfaisance, les libraires de notre ville ont eu la louable pensée de se contenter, pour la rémunération de leurs soins, de la moitié de la remise ordinaire.

POST-SCRIPTUM.

L'affaire de la bibliothèque, pour être terminée, ne semblait plus attendre qu'un prochain appel aux électeurs ; mais un nouvel incident se produisit au moment même où je terminais l'écrit qu'on vient de lire.

Le 18 janvier 1869, dans un but de conciliation, M. le préfet, considérant la retraite du bibliothécaire et l'acceptation de cette démission par le maire comme une circonstance qui pouvait faire cesser la cause du conflit existant, renvoya les démissions que les conseillers municipaux lui avaient adressées. Assurément cette démarche avait été inspirée par un louable sentiment ; mais pouvait-elle produire le résultat espéré ? M. le préfet, je n'en doute pas, eût été d'avance convaincu de la négative, s'il avait connu les termes outrecuidants de la démission du bibliothécaire et les détails de la conduite du maire envers le conseil municipal et ses délégués. En effet, dans la situation qui leur était faite, consentir à reprendre leur mandat, c'eût été, de la part des conseillers démissionnaires, proclamer qu'ils n'avaient pas le sentiment de leur dignité, et, en même temps, qu'ils avaient eu tort, jusqu'ici, de ne pas s'incliner humblement devant les fantaisies autocratiques de M. le maire.

Le retrait de leur démission n'eût été possible que dans les conditions suivantes :

Si le maire écrivait au bibliothécaire que, les termes de sa démission étant inconvenants, il était mis en demeure de la formuler à nouveau en termes acceptables, faute de quoi sa révocation serait prononcée ;

Si cette lettre était insérée au *Journal de Pont-Audemer*, avec un exposé du conflit, ou bien avec les procès-verbaux entiers des séances du conseil y relatives ;

Si le maire, ne fût-ce qu'en termes insuffisants, reconnaissait que ses procédés envers le conseil avaient été précisément le contre-pied de ce qu'ils devaient être; ou bien, si M. le préfet, qui certes ne peut approuver et n'approuve pas certains errements suivis dans cette affaire, formulait, à cet égard, un mot d'appréciation, dont, en séance du conseil, il serait donné lecture, avec insertion au procès-verbal;

Enfin, s'il était pris, dans l'intérêt de notre dépôt de livres, des mesures capables d'assurer qu'il ne déchoira pas, à la fois comme bibliothèque publique ordinaire et comme bibliothèque de circulation.

Ces conditions faisant complètement défaut, les conseillers démissionnaires crurent devoir adresser à M. le préfet une nouvelle démission motivée, et, le 26 janvier, cette démission fut remise par M. Couillard, en audience particulière, au premier magistrat de notre département.

Il est de convenance que je n'entre pas dans le détail des explications qui eurent lieu entre M. le préfet et notre honorable collègue. A cet égard, je me borne à signaler que M. le préfet fut loin de désapprouver la conduite du conseil, — qu'il ne crut pas encore devoir accepter immédiatement les démissions, — et qu'il exprima l'intention d'appeler le maire à Evreux et l'espoir d'arriver ainsi à une conciliation.

Le 29 janvier, réunion du conseil municipal pour un vote de forme relatif au boulevard maritime. Les démissionnaires, qui ont à cœur de ne pas retarder la conclusion d'une affaire urgente, se présentent, M. le maire absent, pour prendre part à la séance; mais ils font constater, au procès-verbal, que leur démission continue de tenir état.

Néanmoins, nouvelles convocations; mais il faut en finir: d'abord on commence par ne plus se présenter; puis, sur une seconde convocation pour la session ordinaire de février, les démissionnaires, ne recevant pas la réponse que M. le préfet leur avait fait espérer, et voulant couper court à toute fin de recevoir qu'on pourrait vouloir chercher dans le dédale de nos lois, ils déclarent individuellement, à la mairie même, que leur retraite est définitive.

Quoiqu'il en soit, les démissions ne sont pas encore acceptées, et, cette fois, c'est pour arriver à une troisième convocation, qui permettra une réunion, à quelque petit nombre que les conseillers restants répondent à l'appel.

Le 5 mars, cinq conseillers seulement sont réunis, et ils peuvent délibérer ; mais ils délibèrent à peine et ne votent presque rien, si même ils votent............

C'est là une situation anormale qui ne peut se prolonger, et, comme on y comptait bien dès l'origine, il va bien falloir que les démissions soient enfin admises et que les électeurs s'assemblent pour remplir les vides du conseil.

Il est de principe, aujourd'hui, qu'un maire, homme du gouvernement, doit, auprès du gouvernement, obtenir toujours raison contre les membres du conseil municipal de sa commune, mandataires du peuple *souverain* ; mais l'application de ce principe n'est, en somme, qu'une solution en premier ressort : les démissionnaires ont, ouverte devant eux, la voie de l'appel auprès de l'autorité électorale de leurs concitoyens, et ils attendent, avec la plus entière confiance, la sentence définitive de ces juges suprêmes.

Pont-Audemer, 8 mars 1869.

A. CANEL.

www.ingramcontent.com/pod-product-compliance
Lightning Source LLC
Chambersburg PA
CBHW060521050426
42451CB00009B/1101